www.tredition.de

Schöpfungsengel Elohim
empfangen von

Elke Aßmus

Der Schöpfungsakt

ICH BIN DU

Eine Reise in
deine Göttlichkeit

Gewidmet
ist der *Schöpfungsakt*
an all diejenigen,
die ihr Leben verbessern wollen
und sich geistig
erheben.

Vorwort

Ich bitte alle, die dieses Buch lesen um Verständnis. Um Verständnis dessen, was bei jedem Leser inhaltlich passiert.

Sei dir dessen bewusst, dass sich dieses – dein Leben – positiv verändern wird. Solltest du also keine Veränderung in dir wünschen, so mache das Buch wieder zu. Solltest du aber mutig sein, dann wünsche ich DIR viel Spaß beim Lesen.

Inhaltsverzeichnis

Kapitel I

*Es ist immer so einfach,
wie du es dir machst
und erlaubst.*

1. Teil

Die glorreichen Sieben

Es gibt unterschiedliche Typen von Menschen.

Die einen wissen alles besser, andere trauen sich nichts, und bei manchen dreht sich das Leben nur um sich selbst. Und so könnte man die Liste unendlich lange fortsetzen.

Worauf genau kommt es denn jetzt wirklich an? Was ist denn „jetzt" wirklich wichtig?

Wir Menschen suchen und suchen und merken gar nicht, wie sehr wir uns im Kreise drehen.

Wir bemerken oft gar nicht, wie dieser Kreis immer enger wird und noch enger. UND vor allem merken wir nicht, dass es unser eigener Kreis ist, der immer enger wird. Wir werden unzufrieden, hektisch, launisch, ungerecht uns selbst und anderen gegenüber.

Die Welt dreht sich im Kreis und wir stehen mitten drin.

Nur, wie kann man dieser Spirale jemals wieder entfliehen?

Elohim spricht:

Das ist doch ganz einfach, wir müssen nur wissen, wie es geht und alles andere ist ein Kinderspiel.

Also:

1. Bleibe bei dir mit all deinen Gedanken und Gefühlen.

2. Esse gut und bewege dich regelmäßig.

3. Sei anderen eine Freude.

4. Sei DU selbst.

5. Sei gepriesen bis in alle Ewigkeit.

6. Mache nichts Unüberlegtes.

7. Bete!

Das sind die glorreichen Sieben. Wenn du das verstanden hast, geht alles ganz leicht und einfach.

Fange heute damit an! Du denkst, das geht doch nicht so einfach.

„Es geht immer so einfach wie du dir es machst und erlaubst!"

2. Teil

Das Vermächtnis

Das Vermächtnis ist wie ein Geheimnis, es will behütet und beschützt werden.

Es ist sehr machtvoll, wenn man es anwendet.

Es ist unser ewiges Erbe, unser größter Schatz. Wie wir es anwenden sollen, teile ich euch in den nächsten Zeilen mit …

Elohim erklärt:

Zunächst einmal verweile in deiner Mitte. Atme mehrere Male tief ein und wieder aus und werde ganz ruhig …

Konzentriere dich weiter auf deine Mitte und sei ganz wach …

Dann öffnest du den Bereich vom Herzen über die Schultern trichterförmig nach oben …

Du wirst ganz weit …
In der Weite bist du offen …
Du bist jetzt bereit zu empfangen …

Du empfängst kosmisches Licht, kosmische Intelligenz und bündelst diese in deinem Herzen. Von da aus lässt du es all deinen Zellen zukommen. Dieses kosmische Licht durchströmt deinen gesamten Körper. Du füllst auch deine Zellzwischenräume damit auf, sodass dein Zellgeist Lebendigkeit erfährt.

Übe dich darin, so oft du kannst.

Wenn du willst, kannst du in dieser Offenheit Botschaften empfangen. Du kannst in den heiligen Raum eintreten und Fragen stellen.

Dieser heilige Raum ist „dein kosmisches Feld“, dein Universum. Und dieses dein Universum ist mit allen Universen verbunden, auch mit dem ALL, der „Göttlichen Einheit“, dem unendlichen Wahren Sein. Du betrittst deinen Raum der Stille und doch bekommst du alle Antworten geliefert.
Du brauchst ab diesem Zeitpunkt nirgendwo mehr hingehen, um dir Hilfe oder Rat zu holen. Ab die-

sem Zeitpunkt bist du selbst dein Meister und Schöpfer.

Mit ein wenig Übung bekommst du immer mehr Vertrauen zu DIR und zu deinem neuen Kommunikationsweg. Alles ist bereits in DIR, du brauchst nicht mehr zu suchen.

Das ist der Weg zum Vermächtnis. Das ist dein Erbe. In der heutigen Zeit würde man sagen, lade dir deinen Kosmos herunter.

3. Teil

Die Gefangenschaft

Weißt du, was Gefangenschaft ist?

Gefangenschaft ist, wenn du nicht mehr weiter weißt, wenn du feststeckst und keinen Plan und oder keine Idee hast, wie es weitergehen soll

Sehr viele Menschen erleben das. Das geht ein Jahr, zwei Jahre, fünf Jahre oder vielleicht ein ganzes Leben lang. Du kommst aus der Zwickmühle einfach nicht mehr heraus.

Du greifst nach jedem Strohhalm, der dir angeboten wird, aber auch dann hast du nur für kurze Zeit das Gefühl der (Ver-)Besserung.

Es dauert nicht lange und du bist wieder in deinem Muster gefangen.

Vielleicht fragst du dich, wie du da jemals wieder herauskommen kannst?

Ganz einfach: Du musst die „Stille" wahrnehmen und dich an die glorreichen Sieben halten. Sie haben ihren Namen nicht umsonst.

Durch ständiges Üben, Sich-Zurücknehmen, Anderen-eine-Freude-Machen usw. bekommst du mit der Zeit andere, „bessere" Energiefelder.

Deine Gedankenformen entwickeln sich prächtig, sodass du automatisch bessere Erlebnisse und Erfahrungen anziehst.

Du darfst nur nicht aufgeben.

Bleibe solange in deiner eigenen Disziplin, bis die glorreichen Sieben und dein Vermächtnis sich in deinem Bewusstsein abgespeichert haben.

Dann lebst du es und du wirst sehen, ein neues Kapitel in deinem Leben beginnt.

Sehr viele Menschen verändern zuerst etwas im Außen, doch das reicht nicht aus. Jetzt weißt du auch, wie du dich aus deiner Gefangenschaft befreien kannst.

4. Teil

Das Erlebnis

Viele Menschen haben viele Erlebnisse. Doch was sind das für Erlebnisse?

Es sind Erlebnisse im Außen. Darum geht es hier nicht. Nach innen zu schauen ist das viel größere Abenteuer. Hier beginnt erst die wirkliche Reise.

„Doch was soll sich denn im Innen schon zeigen?", *magst du dich fragen. Im Innen erkennst du dich* *selbst! Du erkennst dich in deiner ganzen Form, und* *zwar so, wie du wirklich bist.*

Du magst fragen: „Was hab ich denn für eine Form?" *Finde es heraus, lasse dich auf DICH ein und du* *wirst aus dem Staunen nicht mehr herauskommen.*

Ich höre schon, wie du sagst: „Das ist mir zu schwammig." Aber egal, probiere es aus, du hast nichts zu verlieren. Dein bisheriges Leben hat dich auch nicht viel weitergebracht.

In deinem Innen hast du alles. Du hast Gott in dir, du hast deine „innere Stimme" in dir, die dich führt und leitet. Du hast deinen gesamten Seelenplan für diese Inkarnation in dir und du bist mächtig.

Sei dir „deiner" Macht stets bewusst.

Hast du dich schon mal gefragt, wer du bist? Wer bist du denn ohne deinen Namen und ohne deinen Körper? Was bleibt da übrig, magst du fragen?

Und genau das ist der entscheidende Punkt: Übrig bleibt, was du wirklich bist, nämlich Geist und Seele.

Man könnte sagen, dass sich der Geist Gottes in seiner Allmacht und seiner All-Liebe in DIR zeigt.

Du hast also das gesamte Gottesbewusstsein in dir und deine liebende Seele beschenkt dich mit deinem Wesen.

Ich höre dich wieder fragen: „Aber was ist mein Wesen?"
Und ich sage dir: „Finde es heraus!" Alles, was deine Augen strahlen lässt, ist ein Funke deiner Seele. So lässt sie dich wissen, was zu deinem Wesen gehört.

Und so gehst du auf Seelenreise und sammelst einen Funken nach dem anderen ein.

Manchmal liegt der Zeitpunkt lange zurück und du kannst dich vielleicht sogar nicht mehr daran erinnern, wann und ob deine Augen überhaupt jemals gestrahlt haben.

Wenn das so ist, ist es an der Zeit es auszuprobieren. Fang einfach an. Und sollte dir sofort eine Ausrede, wie „keine Zeit, kein Geld oder gerade keine Lust" usw. einfallen, dann weißt du, wie sehr du in dir bereits gefangen bist.

Oft hilft es, wenn man sich an seine Kindheit erinnert, an das, was man damals gerne gemacht hat oder gemacht hätte.

Erfülle dir deine Wünsche und dein Leben wird wieder lebenswert.

Das heißt nicht, dass du in einen blinden Aktivismus fallen sollst, nein, ganz im Gegenteil.
Übe dich in Bewusstheit und Achtsamkeit und sammle deine Fünkchen.

Kapitel II

Nur dein JETZT
bestimmt deine Zukunft.

1. Teil

Die 7 Stufen

Fang endlich an. Worauf wartest du noch?

All deine Probleme verschwinden nicht von alleine. Nein, sie lösen sich nicht einfach auf.

Die Menschen denken immer, dass durch Abwarten Besserung eintritt. Aber mal ganz ehrlich: Was soll denn von alleine besser werden?

Vielleicht empfinden die Menschen den Zustand irgendwann einmal „normal". Doch ist das besser?

Du musst „deine Macht für dich" wieder in die Hand nehmen, das heißt, du musst machen, beginnen, ins TUN kommen.

„Womit?", magst du dich fragen oder vielleicht auch: „Wie soll das gehen, aussehen?"

Hier die 7 Stufen der Bewusstseinserweiterung:

1. Beginne!

2. Mach dir das Leben einfacher.

3. Sei für „DICH" da.

4. Sei beherzt und weise.

5. Komm mit allem gut voran.

6. Lass dir helfen.

7. Sprech die Dinge aus, und zwar so, wie sie wirklich sind.

Es spielt keine Rolle, mit welcher Stufe du beginnst. Du kannst sie nacheinander ausführen oder alle Stufen auf einmal. Oder du beginnst mit der Stufe, die dich am meisten anspricht. Es ist völlig egal.

Die Hauptsache ist, DU kommst ins Machen.

Mach etwas aus deinem Leben!

2. Teil

Die Entwicklung

Alles entwickelt sich so, wie es sich entwickeln soll. Du machst dir viel zu viele Gedanken um das „Wie" und ob das auch so „richtig" ist.

Höre auf damit, denn das macht überhaupt keinen Sinn. Du musst beginnen. Das ist es, worum es geht. Dann fängt es an, sich zu entwickeln. Das ist doch ein wunderbarer Start.

Es entwickelt sich. Das Wort ist zweideutig, denn es muss sich in der Tat zunächst einmal erst entwickeln, was heißt, du musst aus deiner Spirale herauskommen, damit etwas Neues entstehen kann.

Die Menschen wollen immer gleich das „Neue" schon haben, vergessen dabei völlig, dass sie die Spirale mit all den Ereignissen, Ursachen und Blockaden erst auflösen müssen.

Und das geht am einfachsten durch die Übungen im Buch. Lass dich auf den Prozess ein. Vertraue dir und deinem Leben.

Ja – es wird dich herausfordern, aber das hat es auch vorher schon. Nur, jetzt hast du deine Macht wieder angenommen, nimmst dein Leben wieder in deine Hände.

Das fühlt sich ganz anders an.

DU kommst automatisch in deine Kraft und in deine Stärke.

3. Teil

Das Geschehen

Was geschehen ist, ist geschehen. Das kannst du nicht mehr ändern. Versuche es zu akzeptieren. Je besser du deine Vergangenheit akzeptierst, umso besser ist es für dich.

Übe dich immerfort im Loslassen und konzentriere DICH! Ja – du hast richtig gelesen: Konzentriere dich auf DICH und auf dein „JETZT".

Es gibt im Grunde nichts anderes als dein „Jetzt". Nur dein Jetzt bestimmt deine Zukunft. Ist das nicht toll?

Das heißt, du kannst mit jedem Herzschlag, mit jeder Sekunde neu anfangen, neu beginnen. Was für ein Geschenk. Denke einmal darüber nach.

Und – wie fühlt sich das für dich an? Du kannst es nicht glauben? Es ist aber so.

Dein „So-SEIN im Jetzt" ist dein Schick-sal oder auch Mach-sal genannt. DU „machst" und es wird dir „ge-schickt"!

Die geistige Welt hat uns Gesetze gegeben. Wer sie kennt und nützt, ist ganz klar im Vorteil.

Wir Menschen warten immer darauf, dass da irgendwer mal irgendwann kommt, um uns zu helfen. Das aber wird nicht geschehen. Jeder hat die Aufgabe sich selbst zu helfen. Ja – sich selbst zu erkennen und zu entwickeln.

4. Teil

Das Wunder – die Wunder

Die Wunder, die es auf der Welt gibt, sind wunderbar. Fast nicht zu glauben. Sie öffnen die Herzen so vieler Menschen. Sie bereiten Glückseligkeit und auch Dankbarkeit. Sie sind himmlisch und irdisch zugleich.

Wunder gibt es immer wieder und sie sind keine Seltenheit. Im Gegenteil, es entstehen täglich so viele Wunder, dass man sie nicht zählen kann.

Aber was sind Wunder, was hat es mit ihnen auf sich? Wie entstehen sie?

„Wer macht sie?", magst du vielleicht fragen. Sind es die Engel oder Gott? Sind es vielleicht die Menschen oder gute Feen?

Alles, was du machst, ist göttlich. Sieh dich selbst an: Bist du nicht göttlich? Wunder über Wunder sind geschehen, weil du DU bist. Du bist Gott. Gott hat dir alle Fähigkeiten gegeben, damit du ihn präsentieren kannst.

Ja – du hast richtig gelesen – „ihn" zu präsentieren.

Wir können unseren „inneren Gott" durch unser menschliches Wesen präsentieren, voller Freude und Stolz. Wir alle sind großartig. Wir können alles machen, was immer wir wollen. Wir sind großartige Geschöpfe.

„Warum streiten dann die Menschen so viel?", magst du fragen. Sie streiten und verzweifeln, weil sie sich nicht mehr daran erinnern können, wer sie wirklich sind.

Wir alle müssen durch den „Fluss des Vergessens" und nur durch die Sehnsucht nach etwas „Höherem" gelangen wir mit der Zeit auf eine geistige Reise, die uns mit uns selbst immer näher bringt.

Stück für Stück lernen wir unsere innere Stimme wahrzunehmen. Erst ganz sanft und leise. Mit der Zeit lernen wir die heilige Stimme in uns immer besser zu hören und zu deuten.

Es kann mitunter ein langer Weg sein, denn der Gegenpol – das Ego – will an der Macht bleiben.

Das heißt, es werden innerlich fortwährende Kämpfe geführt und nur diejenigen Menschen, die solch eine tiefe und wahre Sehnsucht nach Erfüllung haben, schaffen es weiterzukommen.

Irgendwann einmal ist das Göttliche in uns wieder so wach und präsent, dass all die negativen Charaktereigenschaften sich nach und nach auflösen.

Es braucht viel Stille dazu. Aber nur über die Stille, die innere Einkehr, erfahren wir von unserem wirklichen Reichtum. Unsere Schatzkammer ist über und über voll von wertvollen Schätzen. Sie alle warten nur darauf, erkannt und gelebt zu werden.

Wenn deine Entscheidungen zum Wohle aller sind, wirst du noch reichlicher belohnt.

Durch das Hören deiner inneren Stimme bist du in deinem heiligen göttlichen Seelenplan. Deine Seele ist erwacht und dein innerstes Licht wird von nun an immer größer und größer.

Deine Seele ist erfüllt von Freude und dient dir, mit allem, was sie hat und kann. Du gehst von nun an „deinen göttlichen Weg".

Kapitel III

Das ist der Weg.
Wenn du ihn wirklich gehen willst,
dann schaffst du es auch.

1. Teil

DU schaffst das auch

Meinst du, du schaffst das auch?

Wenn dein Wille und deine Sehnsucht nach etwas Größerem und Höherem stark genug sind, wirst du es schaffen.

Du wirst lernen diszipliniert zu sein, Du wirst lernen dir jeden Tag genügend Zeit für DICH und dein inneres göttliches Wachstum zu nehmen. Du wirst die innere Stimme immer mehr und mehr hören und danach dein Leben ausrichten.

Du wirst mehr Vertrauen in dich und dein Leben bekommen und das ist gut so.

Auch wirst du auf all deine Fragen eine Antwort bekommen. Du musst nur fragen. Wer nicht fragt, bekommt auch keine Antwort. Die Liebe Gottes ist in DIR und um dich herum. Sie will EINS werden mit deinem Universum. Sie will mit DIR verschmelzen.

Dann fängst du an zu leuchten. Du wirst leuchten wie ein Stern am Himmel und bist selig.

Das ist der Weg. Wenn du ihn gehen willst, schaffst du das auch!

2. Teil

Der Frohsinn

Wir alles suchen nach dem Frohsinn. Zu oft ist er versteckt und zeigt sich nicht. Er möchte aber gesehen und gelebt werden.

Es ist ein göttlicher Anteil in uns. Wir dürfen lernen, ihn bewusst zu machen, um ihn dann immer größer werden zu lassen. Der Frohsinn hat uns viel zu erzählen.

Lade dir deinen Frohsinn mal ein, heiße ihn herzlich willkommen. Und dann frage ihn nach dem Sinn des Froh-Seins. Er wird dir dankbar sein. Er wird sprudeln vor Glück und dir erzählen. Du spürst seine Energie und fragst dich, wie du es anstellen kannst, mehr Frohsinn zu bekommen.

Das ist schön, denn so integrierst du diesen Aspekt in deinen göttlichen Anteil. Mit der Zeit wirst du dich fragen, wie und womit kann ich andere fröhlich machen? Und so breitet sich die Freude immer mehr und mehr aus. Du merkst, dass du ohne Freude gar nicht mehr sein willst.

Ja – Freude und Fröhlichkeit machen wirklich und wahrhaftig Froh-Sinn.

3. Teil

Die Leere

Die Leere kommt, wenn du ganz still wirst.

Still-Sein heißt, wenn deine Worte und deine Gedanken ganz still werden, wenn NICHTS mehr ist. Einfach nur SEIN.

In diesem SEINS-Zustand ist ALLES enthalten. Dass alles vorhanden ist, heißt, dass du in deiner Göttlichkeit bist. Jetzt ist alles da.

Was heißt eigentlich, jetzt ist alles da? Was bedeutet diese Vollkommenheit?

Alles ist vollkommen und in Fülle, heißt:

Du bist Liebe, du bist Licht, du bist Weisheit, du bist All-Macht; auch bist du Harmonie, Frieden, Geborgenheit, Fülle, Reichtum, Erfolg, Intelligenz, Gesundheit und mehr!

Du bist die Gegenwart Gottes. Das ist ALLES, was existiert, das bist DU.

In diesem SEINS-Zustand kannst du Gott erfahren, ja du kannst seine Essenz in DIR spüren und alles ist gut.

Gott ist niemals getrennt von DIR. Du bist mit der Quelle verbunden. Die Quelle ist Bewusstheit, Einheit, Vater und Mutter, ungeboren, formlos. Du kannst sie in dir erfahren und aufnehmen.

Du spürst in deinem ganzen Wesen, wer DU wirklich bist. Es ist wie das Schlüpfen aus einem Kokon, die Befreiung in dein wahres Wesen.

Wir Menschen haben solch einen Reichtum in uns und nutzen ihn meist nicht. Unsere unaufhörlichen Gedanken kreisen um Abgrenzung, Wertung, Haben-Wollen, Sorgen und Konflikte. Die Gedanken lassen nicht zu, dass Stille einkehrt. Sie sorgen rund um die Uhr dafür, dich von deiner Göttlichkeit abzulenken und meist fallen wir darauf rein.

Das geht solange, bis wir uns bewusst entscheiden, unsere Göttlichkeit zu leben. Dann müssen wir nur

noch unsere Worte und Gedanken richtig wählen,
damit unser Licht sich verbreitet und der Menschheit
dient.

4.Teil

Das Wunderbare in dieser Welt

Das Wunderbare in dieser Welt sind wir selbst.

Wir suchen immer im Außen und suchen und suchen.

Kaum denken wir, wir haben gefunden, was wir gesucht haben, geht die Suche von vorne los. Und so geht es immer weiter und weiter …

Dauerhaft glücklich werden wir dadurch nicht und trotzdem machen wir wie gewohnt immer weiter.

Wir Menschen wollen glücklich sein und das ist auch gut so, denn sonst würden wir aufhören weiter zu suchen.

Irgendwann einmal wirst auch du merken, dass dein Reichtum, deine wahrhafte Schatztruhe in deinem Inneren liegt und wartet, bis du sie erkennst. Zuerst

fühlt es sich ganz klein an, aber mit der Zeit wird es immer größer. Du erwachst!

Du weißt jetzt, dass DEIN SCHATZ in dir geborgen ist, und mit der Zeit lernst du, deinen Schatz anzuwenden und in eine schöne zu Form bringen.

Es wird eine Form sein, die dir und anderen gefällt, wovon alle etwas haben.

Sei es Liebe oder dein Licht, das du ausstrahlst, es spielt keine Rolle. Dein ganzes Lebens kann sich und wird sich dadurch ändern, denn DU BIST.
Du bist ICH BIN.

5. Teil

Das Wunderbare in DIR

Das Wunderbare in DIR ist glanzvoll, spannend, atemberaubend schön. Ja – so bist DU. Ein wunderschönes Geschöpf auf Gottes Erden.

Du bist die Allgegenwart Gottes, reines Sein. Alles andere ist nur ein Schein, das spielen möchte.

Dein Schein will entdecken, erkunden, ausprobieren. Er will lebendig sein und frei. Er will Fehler machen um danach festzustellen, wie es richtig geht. Dein Schein will hinfallen und wieder aufstehen. Er will Grenzen kennen und sich an der Machbarkeit dieses Lebens erfreuen. Er will und will unaufhörlich, dein Schein, deine Maske, dein Ego.

Und so ist dein Ego immer wieder beschäftigt. Vor lauter Beschäftigung weißt du nicht mehr, wer du wirklich bist. Du hast es einfach vergessen. Zu viele Narben und Verletzungen sind mit der Zeit entstanden, und jetzt bist du gefangen, gefangen als Ego im eigenen Käfig.

Du weißt nicht mehr ein noch aus. Weißt nicht mehr, dass dein Schein dieses Schauspiel mit Maske spielt, weil es sich so echt anfühlt.

Doch irgendwann erkennt der Mensch, dass es da noch mehr gibt. Er macht sich wieder auf die Suche. Besucht Seminare, macht Ausbildungen, um immer mehr zu wissen, wer er wirklich ist. Bis er es schlussendlich findet.

Dann fängt ein neues Kapitel in seinem Leben an. Sein Bewusstsein erhöht sich und von da an gibt es kein Zurück mehr.

Er geht seinen Weg der Seele.

6. Teil

Dein Glück dieses Erbe zu haben

Was heißt es eigentlich, ein Erbe zu haben?

Jeder Mensch, jedes Wesen hat dieses Erbe. Wir kommen und bestehen aus diesem Erbe. Wir bestehen ja nicht einfach nur aus Luft.

Wir haben vergessen, wer wir wirklich sind. Wir haben verlernt, hinter unsere Fassade zu schauen.

Tatsächlich ist es aber so, dass wir GOTT-Mensch sind. Wir sind Wesen mit einem Gotteskern. Wie schön!

Das heißt, wir bestehen nicht nur aus Gott, sondern haben Gott in uns. Den Gott, den wir alle da draußen suchen, haben wir also in uns. Du magst dich sicher fragen: „Warum zeigt er sich dann nicht? Warum lässt er mich oft so verzweifeln?"

Ganz einfach, er unterliegt deinem Willen.

Gott ist reine Essenz und reines Bewusstsein, er ist
Vater und Mutter. Er ist reine Liebe und Vollkommenheit. Er ist Wissen, Harmonie und Reichtum. Er
ist Frieden und Fülle. Er ist stark und voller Güte. Er
ist Erfolg und Vertrauen. Er ist ALLES in reinster
und höchster Form. Er ist einfach unbeschreiblich!

Dieses Erbe hat Gott uns geschenkt, damit wir in
seinem Namen diese Frucht in die Welt bringen,
damit das Gute sich ausbreiten kann.

7. Teil

Mach etwas daraus, du sollst stolz sein auf DICH

Jetzt weißt du also, wer DU wirklich bist.

Es ist einzig DEIN FREIER WILLE, der über Glück oder Unglück entscheidet. Du hast alles, was du brauchst. Du musst dich nur darauf einlassen.

Mit deinen Gedanken lenkst du deine Energie!

Und was immer du auch denken magst, bekommst du erfüllt. Du musst es nur oft genug denken. Das heißt, wenn du viele positive Gedanken hast, hast du auch eine positive Erfüllung und wenn du Negatives denkst, bekommst du Negatives erfüllt.

Du musst sehr auf deine Gedanken achten. Da der freie Wille das höchste Gut ist, kannst du denken, was immer du möchtest. Dein Universum darf nicht für dich denken oder gar entscheiden. Das musst du selbst tun.

So hast du die Macht alles in deinem Leben zu verändern, wenn DU es willst. So oder so wirst du reich belohnt werden.

Deine Göttlichkeit wartet nicht nur auf dich, sondern kommt dir in Riesenschritten entgegen, sobald du dich auf den Weg machst.

Danksagung

Ich möchte all jenen danken, die mir geholfen haben, dieses Buch zu schreiben.

Mein ganz besonderer Dank geht an den Schöpfungsengel Elohim, Meister Kuthumi – der mir dabei geholfen hat, mich in solch hohen Schwingungen zu erheben, damit ich überhaupt „empfangen" konnte. Ein ganz herzliches Dankeschön geht an meinen verstorbenen Vater, meinem Schutzengel und meinem Krafttier. Ohne euch wäre das Buch nicht zustande gekommen.

Bedanken möchte ich mich auch ganz herzlich bei Jürgen Schröter – Autorenschule, denn ohne ihn hätte ich das Buch wahrscheinlich erst im Rentenalter geschrieben. Auch möchte ich ihm für seine wunderbaren Impulse danken.

Weiter geht mein besonderer Dank an meine lieben Kinder Yvonne und Simon und an meine Mutter und an all diejenigen, die immer an mich geglaubt haben und mir zur Seite stehen.

Literaturhinweise

Kurt Tepperwein: *Kraftquelle Mentaltraining. Die umfassende Methode das Leben selbst zu gestalten.* Heyne 2014.

Ingrid Lipowsky: *Die Geschichte Jakobus des Jüngeren.* Neue Erde 2015.

Sergio Bambaren: *Der träumende Delphin. Die magische Reise zu dir selbst.* Piper 1999.

Tom Kenyon & Judi Sion: *Das Manuskript der Magdalena. Die Alchemie des Horus & die Sexualmagie der Isis.* Koha-Verlag 2003.

Adamus Saint-Germain: *Die Meister der Neuen Energie.Weisheit und Inspiration für eine Welt im Wandel.* Empfangen von Geoffrey und Linda Hoppe. Ansata 2010.

Myra: *Saint Germains Vermächtnis. Ein westlich-abendländischer Einweihungsweg.* Silberschnur Verlag 2010.